AF176575

Nonsenf

Peter Salomon (Texte)

Geb. 1947 in Berlin, lebt seit 1972 in Konstanz am Bodensee.
Weiteres bei www.literaturport.de und wikipedia.org

Wolfgang Brenneisen (Bilder & Gestaltung)

hat Bücher geschrieben und Ausstellungen gemacht.
Weitere Informationen unter:
https://de.wikipedia.org/wiki/Wolfgang_Brenneisen

Peter Salomon

Wolfgang Brenneisen

Nonsenf

© 2022 Peter Salomon (Texte)
© 2022 Wolfgang Brenneisen (Bilder)
Herstellung und Verlag:
BoD – Books on Demand, Norderstedt
ISBN 9783756207015

Inhalt

Selbstporträt

Es war mal ein Anwalt aus Berlin
Den zog es zum Bodensee hin.
Recht suchen tat er mitnichten.
Er fing an zu schreiben und dichten.
Das BGB schmiss er bald hin.

Der Freund

Er kam nur um die
Hose zu wechseln, eine
Kippe zu rauchen –

Der Plural

Dichterelite!
Schönes Wort mit fünf Silben!
Typisch für Haiku –

Flugtrauer

Es ist sehr traurig
Wenn ein Flugzeug landet. O
Starteten sie nur –

junge deutsche lyrik 80

unbeatschlich unterschrocken unerhört 70 wolfgang brenneisen

Herrn

Peter Hinterzart

St.Peter-Str.7

79856 Hinterzarten

imme postcards

libe grüse

Ich bat ihn um zwei Ansichtskarten
Aus Hinterzarten.
Er schrieb mir aber nur eine Karte.
Wahrscheinlich war er nur in Hinterzarte.

krah krah

Krähen ja Krähen
Fast zutraulich wie Tauben
Nur gurren sie nicht.
Krah krah siebenmal krah krah.
Sie watscheln nicht, sie hüpfen –

Verwackelt

Beim Selfie machen
In die Schlucht gestürzt; das Bild
Ist ganz verwackelt –

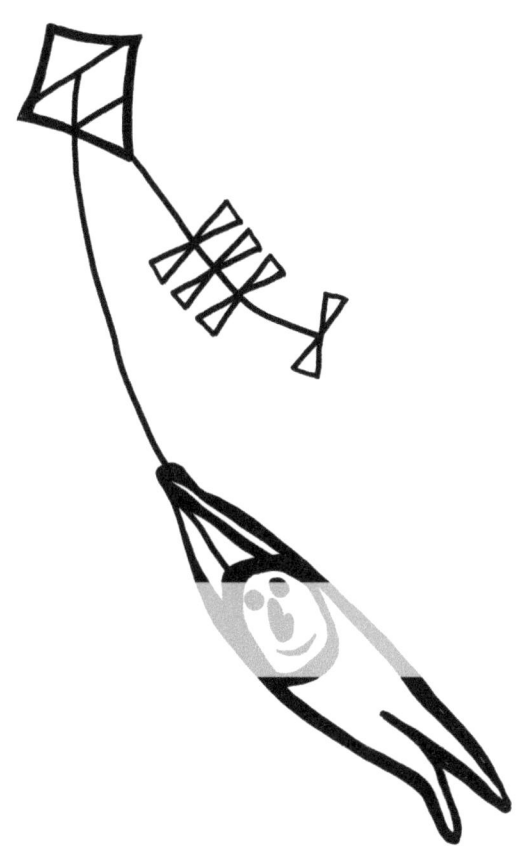

La mer

Feine Languste.
Abends will ich sie speisen.
Das Meer kommt ins Haus –

Postfaktisch

Wenn es nicht so war
Wie ich sage, dann war es ähnlich.
Was ist denn Wahrheit?

Postfaktisch

Postfaktisch

Guter Rat

Rauche nie im Bett.
Die Asche, die runterfällt
Könnte deine sein.

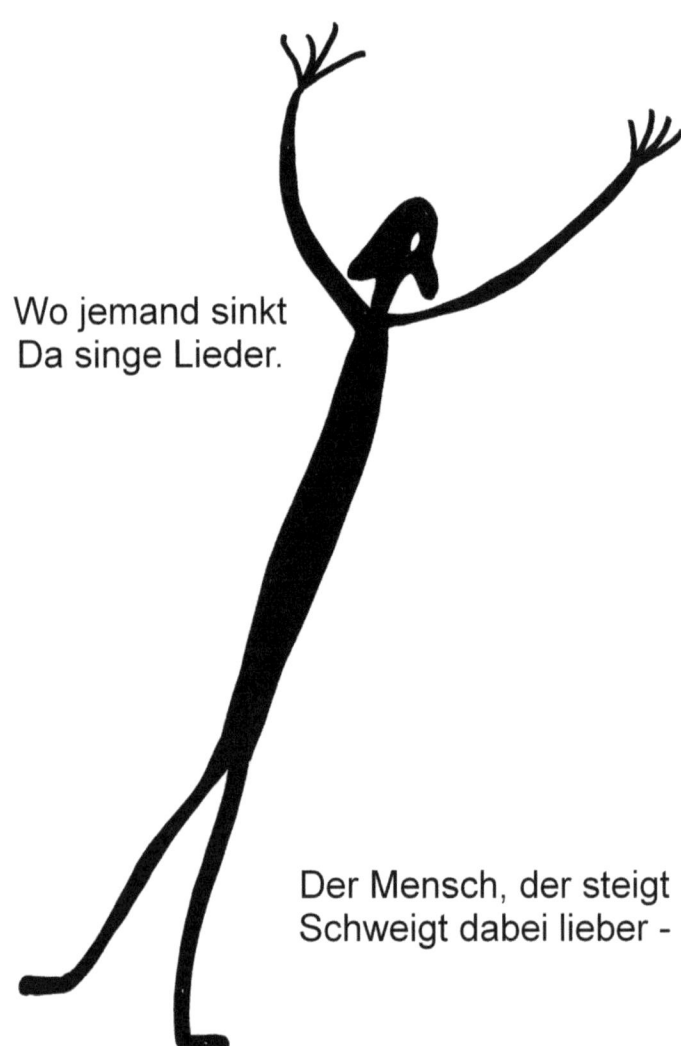

Wo jemand sinkt
Da singe Lieder.

Der Mensch, der steigt
Schweigt dabei lieber -

Refrain

Waffelngänge

Fünf Waffelngänge
Alles nur wegen paar Buch-
Staben und Silben!

Schwer bewaffelt bis
An die Zähne, schon knallt es.
Waffeleisen gibt Geist auf.

Du hast wohl einen
An der Waffel, kannst nicht mal
Bis fünf zählen oder sieben!

Apfelmus

Ich verstehe das
Alles nicht, was soll der Quatsch?
Die Waffeln schweigen.

Dem Waffellosen
Bleibt nicht viel; ein Klecks Apfel-
Mus im Handteller –

Ludwig-Wittgenstein-Haiku

Oh oh oh oh oh.
Ich habe starke Schmerzen.
Nein, ich irrte mich –

Ludwig
Wittgenstein

Peter-Salomon-Haiku

Peter Salomon
Peter Salomon Peter
Salomon Peter

PS
HAIKU

Letzte Buchpublikationen

Peter Salomon
Der Außerirdische. Stories
Aachen, Rimbaud Verlag 2022

Peter Salomon
Poesiealbum 361 (Hrsg. von Wulf Kirsten),
Wilhelmshorst, Märkischer Verlag 2021

Wolfgang Brenneisen
The Vikings of Haithabu
edtion imme
Books on Demand, Norderstedt 2022
ISBN 9783754355602

Wolfgang Brenneisen
Die 77 Romane von Konrad Salik
edition imme
Books on Demand, Norderstedt 2022
ISBN 9783754379271